Veröffentlichungen des Deutschen Vereins für Volks-Hygiene.

Im Auftrage des Zentralvorstandes in zwanglosen Heften herausgegeben von Sanitätsrat Dr. K. Beerwald und Reg.-Rat Dr. Fr. Franz, Berlin.

Heft 23.

Die Bekämpfung und Verhütung der ansteckenden Krankheiten.

Von
Prof. Dr. A. Dietrich, Charlottenburg-Westend.

Erste Auflage.
(1.—8. Tausend.)

München und Berlin.
Druck und Verlag von R. Oldenbourg.
1913.

Preis 30 Pfennig.

Von 100 Expl. an 25 Pf. | Von 500 Expl. an 18 Pf.
Von 200 Expl. an 20 Pf. | Von 1000 Expl. an 15 Pf.
Von 2000 Expl. an 12 Pf.

Veröffentlichungen des Deutschen Vereins für Volks-Hygiene.

Im Auftrage des Zentralvorstandes in zwanglosen Heften herausgegeben von Sanitätsrat Dr. K. Beerwald und Reg.-Rat Dr. Fr. Franz, Berlin.

Heft 23.

Die Bekämpfung und Verhütung der ansteckenden Krankheiten.

Von
Prof. Dr. A. Dietrich, Charlottenburg-Westend.

Erste Auflage.
(1.—8. Tausend.)

München und Berlin.
Druck und Verlag von R. Oldenbourg.
1913.

Die ansteckenden Krankheiten haben seit Urväterzeiten die Aufmerksamkeit der Menschen aufs lebhafteste gefesselt. Sind es doch Krankheiten, die nicht am Abend des Lebens den müden Körper dahinraffen, sondern unterschiedslos aus blühender Gesundheit ihre Opfer fordern und sich unheimlich von Haus zu Haus, von Ort zu Ort verbreiten. Vor allem sind es die großen verheerenden Seuchen, deren Schrecken die Überlieferungen der frühesten Zeiten schon schildern: wie ein Hagelwetter ziehen sie über die Städte und Länder und mähen die Menschen nieder wie Grashalme. Wie bestimmend diese Seuchen in das Rad der Geschichte eingriffen, wie sie das Schicksal von Staaten und Völkern entschieden haben, dafür sind zahlreiche Beispiele bekannt. Ich verweise nur auf die Geschichte der Pest in Athen. Im ganzen Umfange hat aber wohl die Geschichtsschreibung die Seuchen und ihre Schrecken in ihrer Bedeutung noch nicht gewürdigt. Kriegs- und Notzeiten folgen den Krankheiten als schlimmste Begleiter.

Im Mittelalter war es der schwarze Tod, der über gan Europa hinzog und nach den Angaben der Geschichtsschreiber ein Viertel der gesamten Bevölkerung, das sind etwa 25 Millionen Menschen, forderte; manche Städte verloren aber bis zwei Drittel ihrer Bewohner, ja viele Orte starben ganz aus. Allen Beschreibungen nach ist anzunehmen, daß diese gewaltigste Seuche

3*

der Geschichte mit der Pest identisch ist, die heute noch in Indien heimisch ist und vor etwa einem Jahrzehnt auch Europa wieder zu bedrohen schien.

In aller Erinnerung ist die Pestepidemie im nördlichen China vor 2 Jahren, und vielfach hörte man Befürchtungen wegen Einschleppungsgefahr. Aber die Seuche machte bereits an den Kulturstätten des Ostens halt, auch in Indien verschont sie die hygienisch geordneten Europäerviertel; wir haben zudem die Verbreitungsweise und die Übertragungsmöglichkeiten kennen gelernt, und so können wir ohne Überhebung sagen, daß die Pest für unsere Verhältnisse keine Gefahr mehr bringen dürfte. Wachsamkeit ist natürlich nötig, und sie erstreckt sich besonders auf die Schiffe aus verdächtigen Gegenden und deren unerwünschte Fahrgäste, die Ratten, denen die Hauptrolle für die Verbreitung zukommt.

Die als Pest bezeichneten Epidemien früherer Zeiten sind nicht alle unserem Begriff von dieser Krankheit gleich, vor allem nicht die Kriegsseuchen, die z. B. im dreißigjährigen Krieg den Heeren vernichtend folgten. Vielfach erwies sich in solchen Zeiten nicht weniger gefährlich das Fleckfieber (Flecktyphus), das auch als Hungertyphus bekannt ist. Not und hygienische Verwahrlosung sind die notwendigen Förderer dieser Krankheit.

Viel lebhafter sind noch im Gedächtnis unserer Zeit die Züge der Pocken und der Cholera. Die letzte große Pockenepidemie in Deutschland folgte dem Kriege von 1870; ihr erlagen dreimal so viel Menschen als dem Kriege selbst. Ihr verdanken wir die Verschärfung der schon früher bekannten Schutzpockenimpfung durch das Reichsimpfgesetz von 1874. Den Segnungen der Impfung kann sich nur Voreingenommenheit und Unverstand verschließen. Die Pockenerkrankungen und die

Sterblichkeit sind durch dieses Gesetz auf ein Minimum herabgesunken, trotz aller immer wieder vorkommenden Einschleppungen aus unseren östlichen Nachbarländern. Wir kennen Pockennarben kaum mehr, welchen ältere Generationen täglich begegneten.

In ähnlicher Weise war die letzte größere Choleraepidemie in Preußen eine Folge des Krieges von 1866; die letzte Epidemie in Deutschland überhaupt, die noch in Vieler Erinnerung sein dürfte, befiel aber Hamburg im Jahre 1892. Es erkrankten damals in wenigen Wochen 18 000 Personen und es starben 8200. Aber auch diese Epidemie ist unsere Lehrmeisterin gewesen, denn sie gab Anlaß zu einer zweckmäßigen Bekämpfung der Cholera, die ihre Probe schon oft bestanden hat. Wir sind in den letzten Jahren von der Cholera stets bedroht gewesen; in Rußland, besonders auch in Petersburg, forderte sie viele Opfer, und Einschleppungen sind wiederholt vorgekommen. Ja, wenn man die amtlichen Berichte über die beobachteten Cholerafälle an den Flußläufen und Wasserstraßen der östlichen Provinzen liest, ist man überrascht, wie häufig die Cholera bei uns in manchem Jahre war. Doch hat die Überwachung des Wasserverkehrs, die rasche Erkennung und Isolierung der vorkommenden Fälle und vor allem die Feststellung der Bazillenträger, über die später zu sprechen ist, bewirkt, daß ohne alle Belästigungen des Publikums, die noch im Hamburger Jahr angeangewendet wurden, und ohne Verkehrsbeschränkung doch jede Ausbreitung unterblieb. Wir dürfen, wenn etwa in Spandau oder Berlin ein Fall vorkommen sollte, auf den wir immer gefaßt sein müssen und für den auch alle Vorbereitungen getroffen sind, nach den bisherigen Erfahrungen nicht mehr Besorgnis haben, als etwa bei einem Großfeuer in einer entfernten Straße dank dem Vertrauen auf unsere Feuerwehr. Darum ist auch die Gefahr der Choleraeinschleppung aus dem Balkan, wo sie in dem jetzigen Kriege eine überraschende und entscheidende Rolle spielte, nicht hoch veranschlagt worden.

Die genannten Krankheiten, bei denen die Gefahr einer raschen Ausbreitung über die ganze Bevölkerung eines Ortes oder Landstriches, einer Pandemie oder Volkskrankheit, besteht, werden wegen dieser Bedeutung auch als gemeingefährliche Krankheiten bezeichnet. Ihre Bekämpfung ist durch das Reichsseuchengesetz von 1900 festgelegt, das außer den genannten Krankheiten auch den Aussatz (Lepra) und das Gelbfieber einschließt. Der Aussatz beschränkt sich bei uns auf kleine Herde in Ostpreußen und einzelne eingeschleppte Fälle. Gelbfieber ist eine Krankheit tropischer Gegenden, deren Einschleppung nach unseren heutigen Kenntnissen nicht zu befürchten ist, deren Anführung aber in Rücksicht auf unsere Kolonien notwendig war. Der Grundsatz, welcher das Reichsseuchengesetz leitet, ist, einzelne auftretende Fälle sofort festzustellen, abzusondern und eine Ausbreitung zu verhindern. Es erstreckt sich die Anzeigepflicht nicht nur auf sichere Erkrankungen, sondern schon auf Krankheitsverdacht, und die Absonderung wird auf alle mit dem Erkrankten in Berührung gekommenen Personen ausgedehnt, bis bei diesen eine Ansteckung ausgeschlossen ist. So soll der Funken erstickt werden, ehe er eine Flamme erzeugt hat.

Wenn wir die Sterblichkeitstabelle in Preußen während eines Zeitraums von etwa 100 Jahren betrachten, so sehen wir, wie die großen Volkskrankheiten früher die Kurve zu erschreckend steilen Zacken ansteigen ließen, bald war es die Cholera, bald Pocken, bald Flecktyphus. Seit vielen Jahren sind wir jetzt von solchen Seuchen verschont gewesen, dank den Fortschritten unserer Gesundheitspflege.

Sterblichkeit in Preußen von 1816—1910. (Nach Kirchner.)

Es starben von 10000 am 1. Januar Lebenden:

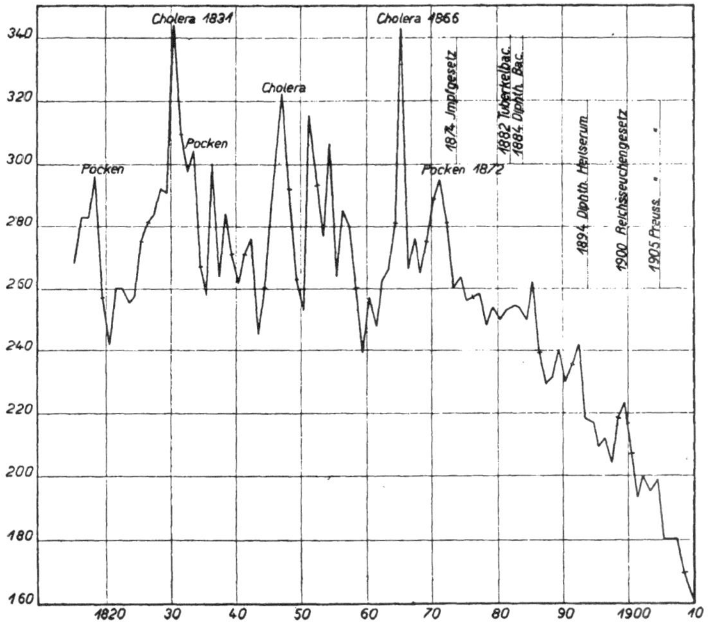

Fig. 1.

Doch nicht diese Volksseuchen sind es, welche das Interesse weiter Kreise beschäftigen, da sie eben bei uns nicht heimisch sind, sondern jene Krankheiten, die wohl nicht so allgemein gefährlich sind, aber nie ganz erlöschen, ab und zu kleinere örtliche Häufungen (Epidemien) darbieten und deren Verhütung und Einschränkung eine viel schwerer zu lösende Aufgabe bildet. Auch die Sterblichkeit an diesen übertragbaren Krankheiten nahm in früheren Zeiten die erste Stelle ein. Mit der allgemeinen Hebung unserer Kultur, mit dem Aufschwung der allgemeinen Gesundheitspflege und den großen Entdeckungen der medizinischen Wissenschaft, die uns die Krankheitserreger kennen lehrte und die Waffen zu ihrer Bekämpfung gab, ist die Prozentzahl der Todesfälle überhaupt gesunken, und zwar fast ausschließlich durch Verminderung der Sterblichkeit an ansteckenden Krankheiten. Wir sehen in der umstehenden Tabelle früher auch in den Jahren, die nicht von schweren Seuchen heimgesucht wurden, die Kurve nicht unter 240 Todesfälle von 10 000 am ersten Januar Lebenden sinken, dann aber von der Mitte der achtziger Jahre stufenförmig abfallen, bis sie im Jahre 1910 den niedrigsten Stand erreicht hat. Die Zahl der Opfer ist allerdings immer noch eine recht beträchtliche. Es erkrankten z. B. im Jahre 1910 in Preußen:

an Typhus	12624	Personen	und	starben	1889
„ Ruhr	410	„	„	„	120
„ Genickstarre . .	333	„	„	„	251
„ Masern	—	„	„	„	7310
„ Keuchhusten . .	—	„	„	„	9330
„ Scharlach . . .	70613	„	„	„	5498
„ Diphtherie . . .	83821	„	„	„	9683
„ Tuberkulose . .	—	„	„	„	60479.

Insgesamt sind diesen und anderen übertragbaren Krankheiten 104165 Personen erlegen. Diese Zahl erscheint sehr groß, aber sie verliert von ihren Schrecken, wenn man bedenkt, daß von 10000 am ersten Januar Lebenden 161 Personen starben, an diesen und anderen übertragbaren Krankheiten aber nur 26,59. Es stellt die Zahl der Todesfälle an ansteckenden Krankheiten nur den etwa 7. Teil aller Todesfälle dar; das ist verschwindend wenig gegen frühere Zeiten. Immerhin ergibt sich die Notwendigkeit, der Bekämpfung der übertragbaren Krankheiten alle Aufmerksamkeit zu widmen und alle Kreise der Bevölkerung zur Mitarbeit zu gewinnen. Denn die übertragbaren Krankheiten zeichnen sich dadurch aus, daß sie nicht nur den einzelnen schädigen, wie z. B. ein Unfall, sondern die Allgemeinheit treffen, wenn durch Nichtbefolgung der Maßregeln gegen eine Weiterverbreitung andere Menschen gefährdet werden. Die Maßnahmen gegen die Krankheiten dürfen daher nicht dem einzelnen überlassen bleiben, sondern die Gemeinden und der Staat zählen die Bekämpfung und Verhütung der übertragbaren Krankheiten zu ihren vornehmsten Aufgaben. Ihre Einschränkung auf ein möglichst geringes Maß ist eine volkswirtschaftliche Forderung ersten Ranges. Besonders ist es klar, daß dort die größte Gefahr für die Ausbreitung einer Seuche besteht, wo viele Menschen in dichter Gemeinschaft wohnen, wie in großen Städten oder Industriebezirken mit starker Arbeiterbevölkerung. Es ist daher wohl zu verstehen, daß die großen Städte in der Seuchenbekämpfung vielfach mustergültig vorangegangen sind. Aber auch das Militär bietet durch das enge Zusammenwohnen zahlreicher Menschen in den Kasernen große Gefahren, bereits in Friedenszeiten. Diese steigern sich ja bei den Heeren im Kriege noch ganz erheblich, so daß in früheren Kriegen meist mehr Soldaten den Seuchen als der feindlichen Kugel zum Opfer fielen. Daraus erklärt es sich, daß unsere Heeresverwaltung der Seuchenbekämpfung schon in Friedenszeiten eine besonders rege Fürsorge widmet.

Wir werden uns mit diesen Maßnahmen für die Allgemeinheit, mit der amtlichen Seuchenbekämpfung, eingehend befassen müssen. Sie ist für uns vor allem niedergelegt in dem Preußischen Landesgesetz betreffend die Bekämpfung der übertragbaren Krankheiten vom Jahre 1905, dem ähnliche Gesetze anderer Bundesstaaten entsprechen. Wir können stolz sein auf dieses Gesetz, wenn es auch nicht alle Wünsche der Hygieniker erfüllt hat; andere Länder, z. B. das benachbarte Österreich, harren noch vergeblich einer ähnlichen modernen Regelung ihrer Seuchenbekämpfung.

Alle unsere Maßnahmen gehen von der Erkenntnis aus, daß die ansteckenden Krankheiten durch belebte Erreger hervorgerufen werden, die in den menschlichen Körper eindringen und durch ihre Vermehrung und Lebenstätigkeit eben die Krankheit bedingen. Diese Erreger werden zum größten Teil von den Spaltpilzen oder Bakterien gebildet; sie sind so klein, daß sie nur mit starken mikroskopischen Vergrößerungen erkennbar und mit besonderen Färbemethoden darstellbar sind, aber sie lassen sich zumeist auf künstlichen Nährböden züchten und durch charakteristische Eigenschaften scharf bestimmen. Wir verdanken die Entdeckung dieser Krankheitserreger und ihrer Lebenseigenschaften vornehmlich den Forschungen Robert Kochs und Pasteurs und der auf ihren Entdeckungen weiter arbeitenden Schüler. Die Kenntnis der krankheitserregenden Bakterien ermöglicht uns in Krankheitsfällen durch den Nachweis der charakteristischen Erreger die Ursache genau festzustellen, sie erlaubt uns, die Wege zu verfolgen, auf denen die Bakterien in den Körper gelangen, und gestattet uns endlich, alle Mittel zur Bekämpfung der Seuchen genau zu prüfen und zweckmäßig auszubauen. Daraus ergibt sich der große Fortschritt, welchen die Bakteriologie für die Seuchenbekämpfung gebracht hat; ich habe schon darauf hingewiesen, wie die Sterblichkeit an den ansteckenden Krankheiten seit den großen Entdeckungen der Krankheitserreger in stetem Abfallen begriffen ist. Es sind uns leider noch nicht alle Krankheitserreger bekannt, gerade von einigen der häufigsten

Krankheiten, deren ansteckender Charakter schon Jahrhunderte bekannt ist, haben sich bis jetzt solche Erreger nicht nachweisen lassen, obwohl an ihrem Vorhandensein nicht zu zweifeln ist. Wir kennen die Erreger der Diphtherie, des Typhus, der Cholera, der Genickstarre und vieler anderer Krankheiten, dagegen aber nicht bei Scharlach, Masern, Pocken. Bakterien können diese Erreger wohl nicht sein, sie müssen noch kleiner sein als diese und ganz andere Lebenseigenschaften haben.

Seit wir die Bakterien kennen und wissen, wie sie aus dem Körper ein- und ausgehen, wie sie sich in der Außenwelt verhalten, suchen wir die Ursachen der ansteckenden Krankheiten nicht mehr in Einflüssen der Luft und des Bodens, verschwunden sind natürlich längst alle die mystischen Vorstellungen früherer Jahrhunderte. Wir wissen auch, daß die krankheitserregenden Bakterien nicht irgendwo in unserer Umwelt nisten und nun plötzlich wild und gefährlich werden. Unzählige Arten von Spaltpilzen gibt es in der Natur, ausgestattet mit mannigfaltigen Kräften, die der Mensch sich teilweise schon nutzbar gemacht hat. So zerstören Bakterien alle Abfallstoffe (z. B. auf Rieselfeldern), andere bereichern den Boden mit wertvollem Stickstoff, befördern somit den Ackerbau. Wir nehmen tausende von Bakterien täglich mit unseren Nahrungsmitteln ein und beherbergen viele an unserem Körper. Alle diese Bakterien werden aber niemals Krankheitserreger, sondern sie sind alle an bestimmte Ernährungsbedingungen gebunden, die sie im Körper nicht finden. Die Krankheitserreger sind solche Lebewesen, die ihre günstigsten Lebensbedingungen im menschlichen oder tierischen Körper finden. Sie können nur in diesem bestehen oder in der Umwelt sich nur lebend erhalten, soweit sie von dem menschlichen Körper aus verstreut sind.

Daraus ergibt sich die grundlegende Erkenntnis, daß der kranke Mensch immer wieder die Quelle der Erkrankungen sein muß. Dieser von Robert Koch geformte Satz, die Frucht langer wissenschaftlicher Forschung und lebhaften Widerstreits, bildet den Boden unserer Seuchenbekämpfung. Wir gehen den menschlichen Ansteckungsquellen nach und suchen sie unschädlich zu machen. Freilich dürfen wir hierbei eins nicht vergessen, daß Übertragung der Bakterien nicht gleichbedeutend mit Krankheit ist. Es gehört dazu, daß der Körper für die Krankheitserreger empfänglich ist. Der Körper besitzt Schutzvorrichtungen, die ihn gegen gewisse Feinde wirksam verteidigen, bei manchen aber im Stich lassen. Die Bedingungen dieses Schutzes gegen Ansteckung (Immunität) und der Empfänglichkeit (Disposition) lassen sich nicht in scharfe Sätze fassen, sie sind nicht einfach, es spielen sicherlich mancherlei Einflüsse des Organismus mit, die uns noch dunkel sind. Der Einzelne kann wohl daran arbeiten, wie später zu zeigen sein wird, seinen Körper widerstandsfähig zu erhalten, für die allgemeine Bekämpfung müssen wir uns aber an den greifbaren und kontrollierbaren Faktor halten, und das ist die Vernichtung und Fernhaltung der Krankheitserreger.

Die Krankheitskeime können in den Körper durch Mund und Nase eindringen bei Einatmung von versprühtem, keimhaltigem Material oder durch Aufnahme von Keimen mit den Nahrungsmitteln, indem die Bakterien an den Speisen selbst oder an den Händen und Geräten haften, endlich vermögen Bakterien durch Wunden oder die Haut einzudringen, dies trifft besonders für die Eitererreger zu. Der kranke Mensch hat aber die Krankheitskeime nicht nur in sich, sondern er scheidet sie auch aus, je nach der Natur seiner Krankheit. Es geschieht dies durch den Nasen- oder Rachenschleim, wie er bei Husten, Niesen,

Sprechen in feinsten Tröpfchen ausgestreut wird bei den Krankheiten, deren Erreger in den oberen Luftwegen angesiedelt sind, z. B. bei Diphtherie, Influenza, Keuchhusten und Genickstarre. Ferner scheidet er sie aus durch den Lungenauswurf bei den Erkrankungen der tieferen Luftwege und der Lunge, vor allem bei der Lungentuberkulose. Weiter findet eine Ausscheidung statt durch die Darmentleerungen und durch Erbrochenes, und zwar bei allen Darmerkrankungen, vor allem bei Cholera, Typhus, Ruhr; aber auch der Urin ist ein früher sehr vernachlässigter Träger ausgeschiedener Keime beim Typhus. Die fünfte Art der Ausscheidung erfolgt durch Schuppen und Absonderungen der Haut oder von Wunden aus; dies trifft für alle Eitererkrankungen zu, ferner für die mit Hautausschlägen einhergehenden Krankheiten, wie Masern, Scharlach, Pocken.

Es haben aber die Forschungen der letzten Jahre immer mehr Klarheit darüber gebracht, daß nicht nur der Kranke die Bakterien ausscheidet, so lange er krank ist, sondern auch nach Überstehen der eigentlichen Krankheit weit in die Genesungszeit hinein. Es kann eine solche Ausscheidung wochen- und monate-, selbst jahrelang anhalten. Wir nennen solche Leute Dauerausscheider. Ferner können Personen meist aus der Umgebung von Kranken wohl Krankheitskeime aufnehmen, ohne aber selbst zu erkranken oder vielleicht nur so unmerklich und vorübergehend, daß die Erkrankung nicht recht zum Bewußtsein gekommen ist (leichte Übelkeit, etwas Schnupfen und ähnliches). Sie beherbergen aber die Keime längere Zeit in sich und scheiden sie auf den Wegen aus, die wir besprochen haben. Das sind die Bazillenträger. Wir kennen solche Dauerausscheider und Bazillenträger bereits bei den meisten ansteckenden Krankheiten besonders wichtig ist ihre Rolle bei Diphtherie, bei Genickstarre, bei Typhus und Ruhr, aber auch bei der Cholera. Durch unzählige Beispiele ist es bewiesen, daß Dauerausscheider und Bazillenträger die Krankheit weiterverbreiten können, wenn auch natürlich, wie ich oben schon ausführte, nicht jede Übertragung sogleich von Krankheit gefolgt sein muß. Es ist auch nicht jede Berührung mit einem solchen Ausscheider gefährlich, sondern es gehört ein längerer und innigerer Verkehr dazu, um der Ansteckungsgefahr ausgesetzt zu sein. Den Dauerausscheidern und Bazillenträgern kommt für die Ausbreitung einer Krankheit die gleiche Bedeutung zu wie dem Kranken selbst, sogar eine wichtigere und gefährlichere, weil sie nicht an Krankenbett oder Zimmer gefesselt sind und weil sie im Gefühl der eigenen Gesundheit sich viel schwerer den Schutzmaßnahmen unterwerfen werden. Es geht aus dem Gesagten hervor, daß es die Hauptaufgabe der praktischen Seuchenbekämpfung ist, zu verhindern, daß Kranke, Dauerausscheider und Bazillenträger die Krankheitskeime in ansteckungsfähigem Zustande ausstreuen können, und andrerseits gilt es zu verhindern, daß gesunde, empfängliche Individuen Krankheitskeime aufnehmen können.

Die erste Forderung einer Seuchenbekämpfung ist die volle Gewißheit über die Natur einer vorliegenden Erkrankung. Es sind ja manche ansteckenden Krankheiten so charakteristisch, z. B. Masern und Scharlach durch ihren Hautausschlag, Keuchhusten durch die Anfälle, daß schon erfahrene Laien die rechte Diagnose stellen werden; aber alle ansteckenden Krankheiten bieten so viele Gefahren für den Körper wie für die Umgebung des Kranken, daß ungesäumte Zuziehung eines Arztes bei Verdacht einer solchen als unbestreitbare Pflicht erscheint. Die ärztliche Untersuchung wird wiederum in vielen Fällen die Diagnose mit voller Klarheit geben, aber manche ansteckenden Krankheiten,

z. B. Typhus, zeichnen sich dadurch aus, daß im Anfang die Symptome unbestimmte sind und erst bei mehrtägiger Beobachtung das Krankheitsbild sich erfassen läßt. Andrerseits sind die Erkrankungen oft kompliziert mit anderen Erscheinungen, und sowohl die ganz leichten wie die besonders schweren Formen können ein ganz fremdartiges Aussehen gewinnen. Das sicherste und rascheste Urteil ermöglicht der Nachweis der Krankheitserreger bei allen den Erkrankungen, bei denen er bekannt und darstellbar ist. Er sollte auch bei klinisch gesicherten Fällen nicht unterlassen werden, da sich oft überraschende Befunde ergeben und vor allem der Nachweis für die Frage der späteren Dauerausscheidung von Wert ist.

Der Nachweis der Krankheitserreger wird entweder in den Ausscheidungen des Kranken geführt, wo sie sich je nach der Natur der Krankheit finden, wie oben auseinandergesetzt ist, oder auch in einem Tröpfchen Blut. Die Methoden der Bakteriendarstellung, vor allem ihre Züchtung auf künstlichen Nährböden, sind aber so komplizierte, daß nur in den seltensten Fällen der Arzt, dessen Hauptaufgabe ja in der Behandlung des Kranken besteht, selbst den Nachweis wird führen können. Es sind Laboratorien erforderlich mit Brutschränken und allen Einrichtungen, welche das Arbeiten mit den gefährlichen Keimen ohne Bedenken gestatten. Der Nachweis der Krankheitserreger wird daher von besonderen Untersuchungsämtern übernommen, welche den Arzt bei der Erkennung der ansteckenden Krankheiten somit nach Möglichkeit unterstützen. Sie nehmen ihm nicht, wie man vielfach glaubt, seine verantwortungsvolle Aufgabe ganz ab, vielmehr ist die richtige Auswahl und Entnahme des Untersuchungsmaterials, die Einordnung des vom Untersuchungsamt mitgeteilten Befundes in das Krankheitsbild ein wesentlicher Teil der Krankheitsfeststellung. Dieses fällt dem behandelnden Arzt zu, wie auch die Verwertung des Ergebnisses für die Behandlung und die notwendigen Schutzmaßregeln. Derartige Untersuchungsämter bestehen teils als private Unternehmungen, teils sind sie schon vor dem Seuchengesetz von größeren Städten eingeführt worden, vor allem aber wurden sie in der Folge des Gesetzes vom Jahre 1905 in ganz Preußen ins Leben gerufen. Sie sind entweder von der Regierung eingerichtet oder an Anstalten größerer Städte angegliedert, ebenso auch in anderen deutschen Staaten. Es liegt den Untersuchungsämtern aber nicht bloß der Nachweis der Krankheitserreger zur Sicherstellung der Diagnose ob, sondern auch die Prüfung, ob die Genesenden noch Bazillen ausscheiden, und sie haben mitzuwirken bei Untersuchung der Umgebung des Kranken auf Bazillenträger und bei der Nachforschung nach den Quellen einer Ansteckung. Da diese Untersuchungsämter der öffentlichen Gesundheitspflege dienen, ist es berechtigt, daß sie ihre Aufgabe unterschiedslos ohne Entgelt ausüben, sie werden dadurch unabhängig und unparteiisch in ihrem Wirken, wie andere dem allgemeinen Interesse dienenden Einrichtungen. Die rege, stetig steigende Inanspruchnahme, die sich bei uns in Charlottenburg z. B. in sechs Jahren mehr als verzehnfacht hat, beweist, daß sie ein wichtiges und verantwortungsvolles Glied bei der Bekämpfung und Verhütung der ansteckenden Krankheiten geworden sind.

Nach der ärztlichen Feststellung der Krankheit, womöglich mit Verwertung des Ergebnisses der bakteriologischen Untersuchung, setzt die Kette der behördlichen Maßregeln mit der polizeilichen Meldung ein, die für die meisten der ansteckenden Krankheiten vorgeschrieben ist. Zur Meldung ist in erster Linie der zugezogene Arzt verpflichtet, falls aber keiner gerufen wurde, der Haushaltungsvorstand, der Krankenpfleger oder der Hauswirt. Durch diese Meldung ist es erst möglich, die Gefahr einer Epidemie frühzeitig zu erkennen und ein Bild von der Ausbreitung einer Krankheit zu gewinnen. Es vermag die Behörde auch Nachforschungen nach der Quelle einer Krankheit anzuordnen und die erforderlichen Maßnahmen gegen eine Weiterverbreitung zu überwachen.

Es ist sodann die Absonderung des Kranken vorgeschrieben. Sie ist ein selbstverständliches Gebot, um Familienmitglieder und andere Menschen vor der Berührung mit den keimhaltigen Ausscheidungen des Kranken zu bewahren. Die Absonderung sollte bei Verdacht einer schweren ansteckenden Krankheit schon vor genauer Feststellung eintreten; denn leichter ist es, die Maßregel aufzuheben, als die Verantwortung für eine zu späte Vornahme zu tragen. Viele Krankheiten sind gerade im Anfang besonders ansteckend, z. B. erfolgt die Übertragung der Masern meist schon, ehe der Ausschlag eintritt, acht bis zehn Tage nach der eigenen Ansteckung. Dann ist es zu spät, wenn die Geschwister erst beim Ausbruch des Ausschlags abgesperrt werden; jüngere schwächliche Kinder, für welche die Krankheit aber nicht ungefährlich ist, sollte man doch nach Möglichkeit schützen. Ebenso sollten bei Diphtherie, die sich rasch ausbreiten kann, alle erforderlichen Maßregeln getroffen werden, ehe erst das Untersuchungsergebnis dazu zwingt.

Die Absonderung bezweckt, den Kranken mit seinen Keimen von jeder Übertragungsmöglichkeit auszuschließen. Der Kranke muß für sich allein ein Zimmer haben, das nichts enthält, was nicht unbedingt für den Kranken und seine Pflege nötig ist, vor allem dürfen Nahrungsmittel und allgemeine Gebrauchsgegenstände in den Räumen nicht untergebracht sein. Nichts darf das

Krankenzimmer verlassen, was mit dem Kranken und seinen Ausscheidungen in Berührung gekommen ist. Alle Ausscheidungen aber und alle Gegenstände, welche mit Keimen behaftet sein können, müssen durch Desinfektion unschädlich gemacht werden. Das sind die Ausscheidungen des Kranken selbst (Auswurf, Stuhlgang, Urin), die Wäsche, alle Geräte, die er benützt hat, und die Umgebung des Krankenbettes. Die Luft des Krankenzimmers, die man früher wohl für besonders gefährlich hielt, kommt für eine Übertragung nicht sehr erheblich in Betracht; nur soweit die feinen Tröpfchen des Rachenschleims versprüht werden, besteht eine Gefahr, sonst werden nur bei grober Verunreinigung des Zimmers und bei reichlichem Staub sich die Keime in der Luft halten können. Ebenso wie alle Gegenstände desinfiziert werden müssen, dürfen auch die Personen, welche das Krankenzimmer betreten, nicht ohne Vorsichtsmaßregeln ein- und ausgehen. Es hat der Pfleger vor Betreten des Zimmers eine waschbare Oberkleidung anzulegen, die er beim Verlassen auszieht, nachdem er seine Hände gründlich gereinigt hat. Am besten ist es, wenn das Krankenzimmer noch einen Vorraum besitzt, in welchem die zu wechselnden Kleidungsstücke hängen und in dem die Geräte (Eßgeschirr) ausgetauscht werden. Es ist dies aber im Privathaus schwer möglich, wie überhaupt eine strenge Absonderung in kleinen und engen Wohnungen, auf die ja in der Großstadt weite Kreise der Bevölkerung angewiesen sind, eine oft kaum durchführbare Forderung darstellt. Da sollte man nun nicht mit einer rechtzeitigen Unterbringung in ein Krankenhaus zögern, die ja heut so mustergültig eingerichtet sind und eine sorgfältige Pflege und Behandlung erlauben, wie sie zu Haus unter bescheidenen Verhältnissen dem Kranken nicht zugewendet werden kann.

Die Maßnahmen, die wir beschrieben haben, um die Krankheitskeime während der Krankheit selbst unschädlich zu machen, bezeichnen wir als fortlaufende Desinfektion. Ist nun der Kranke genesen, hat die Kontrolle zu erfolgen, ob er noch Keime ausscheidet, außerdem muß das Zimmer und alle Gegenstände in ihm einer nochmaligen gründlichen Desinfektion unterworfen werden je nach der Art der vorliegenden Krankheit, der Schlußdesinfektion. Dann erst ist eine weitere Gefahr der Ausbreitung beseitigt.

Wir verstehen unter Desinfektion also die Vernichtung der Krankheitskeime, die Verhinderung einer Übertragung (Infektion). Die Mittel der Desinfektion sind erstens kochendes Wasser, dem man etwa 1—2% Soda zusetzt und das bis zu einer Viertelstunde wirken muß; dieses Auskochen kann natürlich nur für Geräte angewendet werden, welche dem Kochen standhalten. Bei empfindlicheren Geräten kann man sich mit längerer Einwirkung einer etwa 60° heißen 5%igen Sodalösung begnügen. Als zweites wichtiges Abtötungsmittel für Krankheitskeime, zugleich als bestes und gründlichstes Verfahren, wenden wir Dampf an in besonderen Apparaten der Desinfektionsanstalten, meist mit einer etwas erhöhten Spannung, so daß Temperaturen von 105° erzeugt werden. Dampf eignet sich vor allem zur Desinfektion von Betten, Kleidern, Wäsche und allen Gegenständen, welche die Erhitzung aushalten. Bei den übrigen Sachen und auch bei der fortlaufenden Desinfektion im Privathaus müssen wir auf Dampf verzichten und zu chemischen Mitteln greifen, deren Wirksamkeit lange nicht so sicher ist. Das gebräuchlichste Mittel ist die Kresolseifenlösung (verdünntes Kresolwasser), in welche Wäsche mindestens 2 Stunden eingelegt werden muß, mit der man auch alle Ausscheidungen versetzen kann und auch das

Zimmer und die Möbel reinigt; mit der sich endlich der Pfleger selbst desinfiziert. Nachteilig ist der lästige Geruch, den eine Sublimatlösung 1 : 1000 nicht besitzt; doch darf diese wegen der stärkeren Giftigkeit nur mit Vorsicht von Laien gebraucht werden, auch greift sie Metalle an. Zur Desinfektion von Stuhl und Urin, sowie von Badewasser eignet sich auch frisch bereitete Kalkmilch oder Chlorkalklösung. Eßgeräte, die den Geschmack von Kresolwasser annehmen, kann man in eine 1%ige Formalinlösung legen. Die Wahl der Desinfektionsmittel im Einzelfall muß den Anordnungen des Arztes oder des geschulten Krankenpflegers überlassen werden.

Bei der Schlußdesinfektion wird Formalin auch in Gasform mit Wasserdampf zusammen zur Desinfektion der Wohnungen benützt, und zwar in besonderen Apparaten. Es hat den Nachteil, daß es nicht genügend in die Tiefe dringt und darum die Dampfdesinfektion der Betten und Wäsche nicht überflüssig macht. Neuerdings wird Formalin mit Dampf zusammen unter vermindertem Druck auch in Apparaten der Desinfektionsanstalt verwendet, um empfindliche Sachen, z. B. Leder, Plüsch, Federn, von Keimen zu befreien. Auf diese Weise gelingt es auch, Bücher zu desinfizieren, was besonders erwünscht ist, da sie z. B. aus Bibliotheken von Hand zu Hand gehen und nachweislich oft Träger von Krankheitskeimen sind.

Die Hauptsache bei jeder Desinfektion, die wirklich Erfolg haben soll, ist, daß sie gründlich und mit Sachkenntnis durchgeführt wird, es muß daher vor allem die fortlaufende Desinfektion überwacht und die Schlußdesinfektion dem amtlich geprüften Desinfektor übergeben werden. Es kommt nicht darauf an, daß eine Wohnung nach Formalin oder Kresol riecht, wie man vielfach wohl glaubt, sondern daß alle Krankheitskeime erreicht werden. Jede Desinfektion ist auch wertlos, wenn sie nicht mit gründlicher Reinigung einhergeht. Von der mangelhaften Ausführung der Desinfektion rührt wohl auch das geringe Vertrauen her, das ihr vom Publikum oft noch entgegengebracht wird.

Man kann sich durch einen Versuch leicht von der Wirksamkeit einer Desinfektion wie auch von der Gefahr, die ein Kranker für seine Umgebung bildet, überzeugen. (S. Abbild. 2 u. 3.) Man bestreicht die Klinke einer Tür mit einem harmlosen aber durch die rote Färbung seiner Wachstumsrasen leicht erkennbaren Bazillus, dem sogen. Wunderbazillus (Bac. prodigiosus); es läßt sich an der Klinke eine Verschmutzung nicht im mindesten wahrnehmen. Dann öffnet eine Person (Nr. 1) die Tür, sie reicht einer zweiten Person die Hand (Nr. 2), diese einer dritten und die endlich einer vierten. Werden sodann von den Handflächen aller dieser Personen Kulturen angelegt, so sieht man, daß Nr. 1 eine unübersehbare Menge von Keimen aufgenommen hatte, die einen dicken roten Rasen bilden und der sich auf der Abbildung durch schwarze Färbung abhebt. Nr. 2 erhielt eine geringere Zahl von Keimen, aber noch auf Nr. 3 und No. 4 wurden sie in nachweisbaren Mengen übertragen. So würde ein unachtsamer Kranker oder Krankenpfleger, der die Türklinke mit den Krankheitskeimen verunreinigt hätte, eine ganze Kette von Ansteckungsmöglichkeiten verschuldet haben.

Alle die vier Personen haben dann nach der Probeentnahme ihre Hände desinfiziert, teils in Kresolseifenwasser, teils in Sublimatlösung 1 : 1000.

Man sieht an den folgenden vier Kulturschalen, daß alle Keime nunmehr abgetötet wurden. Das ist also das Ziel einer Desinfektion.

Diese Kette von Maßnahmen, die wir besprochen haben: Feststellung der Erkrankung durch den Arzt, Meldepflicht, Nachforschung nach der Ansteckungsquelle, Absonderung des Kranken, fortlaufende und Schlußdesinfektion, ist das ganze amtliche Rüst-

Infektion.

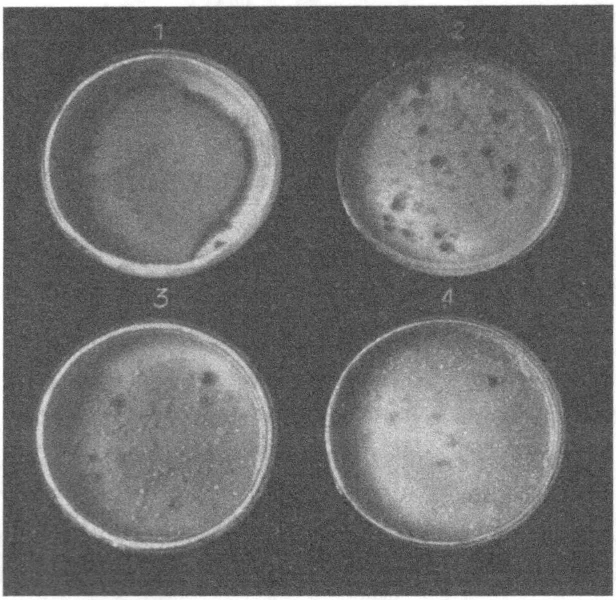

Fig. 2. Infektion.

zeug im Kampfe gegen die ansteckendeu Krankheiten, wie es im Seuchengesetz niedergelegt ist; freilich werden manche Belästigungen für den Kranken, seine Familie und seinen Haushalt nicht zu vermeiden sein, sie treffen besonders Handeltreibende oder Gewerbetreibende, deren Betrieb durch die Absperrungsmaßnahmen gestört werden muß. Aber nur der Unverständige wird sich nicht willig unterwerfen, muß jeder sich doch klar sein, wenn er selbst krank ist, daß er von den Seinen die Gefahr abhält, muß eine Mutter, die besorgt am Bett des Lieblings steht, sich immer vorstellen, wie ihr Widerstand und ihre Nachlässigkeit andere Kinder gefährden, die nicht minder geliebt werden.

Desinfektion.

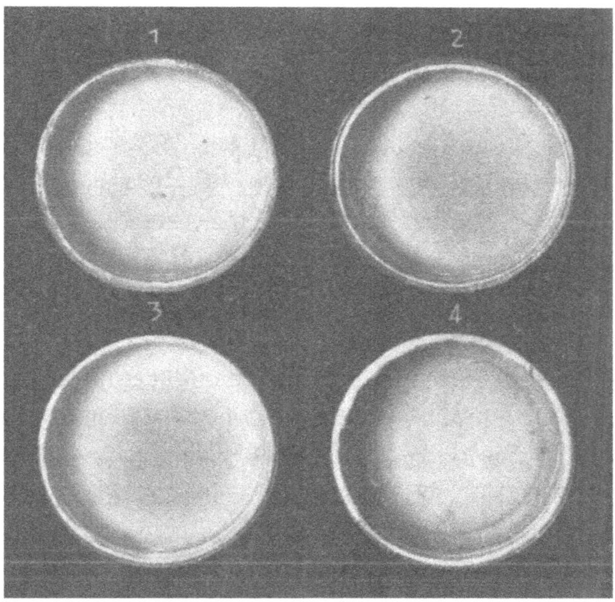

Fig. 3. Desinfektion.

Unverstand in ärztlichen Dingen ist allerdings ein sehr verbreitetes Übel. So können wir uns nicht wundern, daß auch der Seuchenbekämpfung immer noch viel Mißtrauen und Widerstand entgegengebracht wird. Wir brauchen nicht nach Rußland gehen, wo vor einigen Jahren Ärzte totgeschlagen wurden in dem Wahn, daß sie die Cholera einschleppen wollten; in unseren Industriebezirken mußten, als die schwere Genickstarreepidemie herrschte, viele Bestrafungen erfolgen, weil die Leute sich den Maßnahmen zu entziehen suchten. Aber selbst in unseren großen Städten besteht eine oft kaum glaubliche Nachlässigkeit gegenüber den einfachsten Grundzügen der Gesundheitspflege. Noch kürzlich wurde mir berichtet, daß in Betten, aus welchen Diphtheriekranke eben nach dem Krankenhaus gebracht waren, andere Leute gelegt wurden, die natürlich ebenfalls erkrankten. Unsere Desinfektoren können auch mancherlei erzählen von den Widerständen, die sie in ihrer verantwortungsvollen Tätigkeit oft finden. Man schützt sich selbst am besten gegen die ansteckenden Krankheiten, wenn man die Überzeugung von der Notwendigkeit der Maßregeln, die wir kennen gelernt haben, bei seinen Freunden und Bekannten nachdrücklichst verbreitet.

Die Grundsätze unserer Seuchenbekämpfung haben nicht nur bei der erfolgreichen Abwehr der Cholera, von der wir oben bereits sprachen, ihre Feuerprobe bestanden, sondern auch bei der im großen Maßstabe durchgeführten Bekämpfung des Typhus im Südwesten unseres Reiches (südl. Rheinprovinz, Pfalz, Elsaß-Lothringen). Es sind diese Landstriche schon lange als besonders hartnäckig durchseuchte Typhusherde bekannt, so hat z. B. diese Krankheit bei der Belagerung von Metz unseren Heeren große Verluste gebracht. Auf Anregung und unter Leitung von Robert Koch wurden erst in einem kleinen Bezirk die Bekämpfungsmaßregeln praktisch erprobt und dann seit 1904 auf das ganze Gebiet ausgedehnt. Jetzt liegt ein umfangreicher Bericht über die während 8 Jahren gewonnenen Erfahrungen vor, die vor allen den praktischen Erfolg erkennen lassen, daß die Typhuserkrankungen um 57 % zurückgegangen sind. Der Gewinn besteht aber nicht nur in dieser Verringerung der Typhusfälle, sondern darin, daß an einem Schulbeispiel gezeigt wurde, wie man mit den heutigen Waffen der Wissenschaft auch eine so schwer eingenistete Krankheit bekämpfen kann.

Die Grundlage der Typhusbekämpfung bildete die Feststellung der Krankheit durch bakteriologische Untersuchung, aber hierbei wurden nicht bloß die von den Ärzten gemeldeten Fälle schwerer Erkrankung berücksichtigt, sondern alle in den verseuchten Orten bemerkten leichten Störungen, die nur den Verdacht eines Zusammenhanges mit Typhus aufkommen ließen. Insbesondere wurden auch die Kinder in den Bereich der Untersuchungen gezogen, und da ergab sich die überraschende Tatsache, daß bei Kindern unter dem Bilde geringen Unwohlseins leichteste Typhuserkrankungen in ungeahnter Häufigkeit vorkommen, während man früher Kinder für geschützt gehalten hatte. Weiterhin lehrte die Erfahrung, daß die Dauerausscheider und Bazillenträger nicht bloß nach schweren Erkrankungen, sondern auch nach ganz leichten die wesentliche Rolle für die Verbreitung spielten, und daß alle Maßnahmen darauf zielen mußten, die Ausscheidungen dieser Kranken zweckmäßig unschädlich zu machen, wie wir oben bereits dargelegt haben. Es ist dies nicht leicht durchzuführen, da die Bazillenausscheidung jahrelang andauern kann und bis jetzt noch kein Mittel gefunden ist, um sie zu beenden; gar zu gern suchen sich solche Leute der lästigen Kontrolle zu entziehen.

Gewöhnlich denkt man bei Vorkommen von Typhuserkrankungen an eine Übertragung durch schlechtes Wasser. Die Änderungen im Stande des Grundwassers, die der bekannte Hygieniker Pettenkofer als das Wesentliche ansah, gegenüber der direkten Bazillenübertragung, haben an sich mit der Entstehung des Typhus nichts zu tun; wohl aber kann Wasser in zweierlei Weise zur Typhusansteckung führen, da Typhusbazillen sich in Wasser lebend erhalten, ja vermehren können. Zuerst sind es schlecht angelegte Brunnen, die nicht gegen Einflüsse von Aborten und Düngerstätten gesichert sind; solche gibt es auf dem Lande noch sehr viel, aber natürlich sind sie nur dann gefährlich, wenn auf den Gehöften Typhuskranke oder Dauerausscheider wohnen, deren Abgänge nicht unschädlich gemacht werden. Solche Typhusbrunnen sind vielfach als Quelle ständiger Infektionen erkannt worden, sie können auch zu plötzlichen Erkrankungen führen, wenn die Zuflüsse zu den Brunnen durch Schwankungen des Grundwassers oder der Niederschlagsmengen beeinflußt werden. Darum soll man auf Reisen vorsichtig sein, wenn man nicht weiß, woher ein Trunk Wasser stammt. Früher gab es in Berlin im August regelmäßig häufigere Typhusfälle, die aus Bädern und Gebirgsorten eingeschleppt wurden, man pflegte sie geradezu Sommerfrischentyphus zu nennen. Ihre Zahl ist geringer geworden, seitdem auch in die fernen Täler die Hygiene mehr eingedrungen ist.

Weiterhin sind die Wasserleitungen noch vielfach mit großem Mißtrauen angesehen und, wenn irgend woher von Typhusepidemien berichtet wird, so wird sofort an Leitungsinfektionen gedacht. Aber auch hier gilt das gleiche, daß eine Infektion nur vorkommen kann, wenn von irgendwelchen Zuflüssen Typhuskeime in die Leitung geraten können. Das Grundwasser, ob es steigt oder fällt, ist in der Regel keimfrei, ebenso wie Quellwasser, das frisch aus unbebautem Boden strömt.

Als in der Mitte des vorigen Jahrhunderts die größeren Städte an die Errichtung von Wasserleitungen herangingen, wurde das Wasser, wo es möglich war, direkt aus den Flußläufen entnommen. Man ging von der Annahme und der Erfahrung aus, daß dieses strömende Wasser völlig rein wäre. Es haben nun in der Tat Flußläufe die Eigenschaft, sich von allen Verunreinigungen, besonders auch den Keimen, in wunderbarer Weise zu befreien; man spricht von Selbstreinigung der Flüsse. Aber dazu ist zunächst eine genügende Wassermenge nötig, welche die Verunreinigungen stark verdünnt, dann ein genügend langer Lauf von der Verunreinigungsquelle bis zur Entnahmestelle. Da aber die Ufer unserer Wasserläufe meist stark besiedelt sind und alle Orte ihre Abwässer dem Fluß zu übergeben pflegen, so können unsere Flüsse nicht mehr als rein angesehen werden, namentlich wenn die Industrie ihnen das Wasser entzieht und große Schwankungen im Wasserstand die Selbstreinigung herabsetzen. So ist die Versorgung mit Oberflächenwasser ohne besondere Vorbehandlung längst verlassen, Eindringen von solchem in Wasserleitungen als eine Gefahr anzusehen, die vielfach schon zu Typhusepidemien Anlaß gegeben hat, z. B. vor einigen Jahren in Gelsenkirchen und in Altwasser in Schlesien. Bezeichnend für solche Trinkwasserepidemien ist der plötzliche, explosionsartige Ausbruch über das ganze Netz der verseuchten Leitung. Wasser aus offenen Flußläufen, Oberflächenwasser, wird nur dort zur Wasserversorgung herangezogen, wo andere Möglichkeiten nicht bestehen, aber es wird durch sorgfältige Filtration von seinen Keimen bis auf einen kleinen Rest befreit, und in ständiger bakteriologischer Kontrolle wird die Wirksamkeit der Filtration überwacht. Neuerdings ist man auch dazu übergegangen, das Wasser völlig keimfrei zu machen, entweder mittels Ozon oder durch ultraviolette Lichtstrahlen in besonderen Apparaten. Im kleinen Betriebe läßt sich die Keimfreiheit des Wassers durch Filter aus Kieselgur (Berkefeldfilter) erzielen, die auch von Truppen benutzt werden, ebenso wie Apparate zur Erhitzung des Wassers, dem nur durch besondere Maßnahmen der frische Geschmack wiedergegeben werden muß.

In besserer Lage sind die Orte, die ihre Wasserleitungen von reinen Quellen heranführen können, wie z. B. München, oder aus großen Seen und Talsperren, die auch hierfür sich als segensreiche Einrichtung erwiesen haben. Andere Städte benutzen das Grundwasser, in einiger Entfernung von den offenen Gewässern, das bei genügender Filtrationskraft des Bodens ebenfalls keimfrei ist. So ist in größeren Städten unter der strengen hygienischen Überwachung der Wasserversorgung einer Gefahr von Leitungsinfektion vorgebeugt.

Wir kommen also auch bei der Verbreitung des Typhus durch Wasser immer wieder auf die Dauerausscheider und Bazillenträger zurück. Die Übertragung von solchen kann außerdem eine direkte sein, wie oben bei unserem Infektionsversuch, meist ist aber der Weg ein indirekter, wie bei den Brunnen, und vor allem sind Nahrungs- und Genußmittel die Zwischenträger der Ansteckung. Besonders sind die Gemüse, welche roh gegessen werden und von stark gedüngten Feldern stammen, (Salate und ähnl.), sehr bedenklich, häufig ist auch rohe Milch als Ursache ganzer Infektionsherde erkannt worden. Der rohe Genuß solcher besonders leicht der Verunreinigung ausgesetzten Nahrungsmittel sollte in gefährdeten Gegenden eingeschränkt, der Vertrieb derselben aus verdächtigen Orten schärfer überwacht werden.

Ganz das gleiche, was über die Verbreitung des Typhus gesagt ist, könnten wir bei den anderen ansteckenden Darmerkrankungen wiederholen, so ist auch für die Ruhr, die ab und zu epidemisch auftritt, erkannt worden, daß die Infektion gewöhnlich nicht durch Wasser, sondern von Mensch zu Mensch und vor allem durch Dauerausscheider erfolgt. Ferner haben die sogen. Fleisch- und Wurstvergiftungen, die mit

Darmkatarrhen einhergehen, eine wesentliche Aufklärung erfahren, indem bei ihnen Bakterien gefunden wurden, die den Typhusbazillen in ihrem Wesen und ihrer Ausbreitungsfähigkeit nahestehen (Paratyphusbazillen). Einschränkung des Genusses von rohem Fleisch, namentlich im Sommer, und Bezug aus zuverlässiger Quelle ist der beste Schutz. Etwas anderes sind die schweren Wurstvergiftungen, die sich durch Lähmungen, besonders der Augenmuskeln, äußern, der sog. Botulismus; dieser wird durch einen anderen Bazillus hervorgerufen, der sich nicht selbst im menschlichen Körper vermehrt, aber ein furchtbares Gift in der zersetzten Wurst gebildet hat.

Wir wenden uns nunmehr aber einem anderen Beispiel der praktischen Seuchenbekämpfung zu, dem Kampfe gegen die Diphtherie. Die Diptherie ist von allen ansteckenden Krankheiten am meisten gefürchtet, befällt sie doch unsere Kinder im blühendsten Alter, und wenn auch durch das Heilserum ihre Schrecken sehr gemildert sind, so fordert sie doch noch viele Opfer. Seit 2 Jahren haben wir in Berlin und seinen Vororten eine hartnäckige Epidemie gehabt, die von einem Stadtviertel zum anderen zog. Sie bot reiche Gelegenheit, Erfahrungen für die Bekämpfung zu sammeln.

Der Erreger, der Diphtheriebazillus, gehört zu den am leichtesten nachweisbaren Krankheitskeimen. Er siedelt sich im Hals an und ruft dort Beläge hervor, welche Erstickungserscheinungen bedingen; aber die Bazillen sondern auch ein äußerst intensives Gift ab, das besonders das Herz schwer schädigt und oft noch nach scheinbarer Genesung bedrohliche Erscheinungen bedingt. Das Heilserum hilft gegen das Gift, es vernichtet nicht die Bazillen; es wird daher nur dann sicher wirksam sein, wenn das Gift sich noch nicht allzufest in den Elementen des Körpers festgesetzt hat. Anderseits werden aber die Bazillen, wenn Genesung eingetreten ist, nicht verschwunden sein. Sie werden im Nasen- und Rachenschleim ausgeschieden, können beim Husten, Niesen, Sprechen auf die Umgebung verbreitet werden. So sind die Geschwister gefährdet, die im gleichen Zimmer sind, ferner die Spielkameraden, falls der Kranke zu früh herausgelassen wird, und die Mitschüler, wenn das Kind noch mit Bazillen behaftet in die Schule zurückkehrt. Die Untersuchung der Genesenden durch ein Untersuchungsamt hat festzustellen, ob ein Diphtheriekranker frei von Bazillen ist. Wir haben in Charlottenburg, gleich wie in vielen anderen Städten, die Bestimmung, daß kein Kind wieder zur Schule zugelassen werden darf, das noch Bazillen in seinem Rachen beherbergt. Freilich besitzen wir noch nicht die Möglichkeit, diese Bazillen rasch zu vernichten, und so wird man sich oft nur mit einem erreichbaren Schutz begnügen müssen. Meist verschwinden die Bazillen in 2—3 Wochen nach überstandener Krankheit, doch gibt es Dauerausscheider über viele Monate, und diese sind oft nicht schwer, vielmehr nur leicht krank gewesen. Dann werden solche Kinder hart betroffen von einer Aussperrung aus der Schule, doch muß man bedenken, daß eine schwere Diphtherie auch 3—4 Monate Zeit bis zur völligen Widerherstellung benötigt, so daß die gesund ausgesperrten Kinder noch gut weggekommen sind. Ganz verkehrt ist es nun, wenn solche Kinder außerhalb der Schule viel mehr miteinander verkehren als sonst. So besuchte ein Arzt eine Familie, in der ein solcher Dauerausscheider war, fand diesen nicht daheim und erfuhr, daß er bei einer Kindervisite sei. Dieses Beispiel zeigt, wie wenig Gesetze und Verordnungen helfen, wenn nicht jedermann daran mitarbeitet, indem er sie verständig befolgt. Es sollen die Kinder nicht wild herumlaufen, sondern die Eltern sollen sich um sie kümmern, und sie sollen sehen, ihre Bazillen durch Pflege ihres Rachens und ihrer Nase, wie sie der Arzt anordnen wird, loszuwerden. Ein Bazillenträger, der gelernt hat, sich entsprechend zu pflegen, bildet keine Gefahr mehr, und dann kann auch die Absperrung gemildert werden. Es sei auch hier betont, daß nicht eine flüchtige Berührung, sondern ein reger Verkehr nötig ist, um die Bazillen zu übertragen.

Diese bei der Diphtherie besprochenen Verhältnisse geben uns auch Gelegenheit, auf die Verschiedenheit von ärztlicher Behandlung einer Krankheit und ihrer Bekämpfung als Seuche hinzuweisen. Das Heilserum hat sich als ein hervorragendes Mittel gegen die Gefahren des einzelnen Falles erwiesen; es hat dadurch die Sterblichkeit (Mortalität) an Diphtherie herabgedrückt, aber nicht die Ausbreitung der Erkrankung (Morbidität) verhindert. Es ist dies nur bis zu einem gewissen Grade möglich durch die Schutzeinspritzung mit Serum (Immunisierung), deren Notwendigkeit und Anwendbarkeit aber in jedem einzelnen Fall der Arzt entscheiden muß. Etwas anderes ist es mit den Maßregeln gegen die Ausbreitung durch Dauerausscheider und Bazillenträger: diese dienen dazu, die Durchseuchung, die Morbidität, herabzusetzen.

Ganz ähnlich wie bei der Diphtherie liegen auch die Verhältnisse bei der Genickstarre. Diese Erkrankung besteht in einer Entzündung der Hirnhäute, hervorgerufen durch kleine, kugelförmige Spaltpilze, die Meningokokken. Diese aber dringen von dem Nasenrachenraum in das Gehirn ein, nachdem sie vorher nur einen geringen Katarrh hervorgerufen haben. Aber es finden sich in der Umgebung von Kranken eine Anzahl von Personen, die außer diesem leichten Schnupfen nicht weiter erkranken, doch die Kokken beherbergen und weiter verbreiten können. Diese Kokkenträger finden sich bis 75 % der Personen in der Umgebung von Krankheitsfällen. Sie müssen genau so durch bakteriologische Untersuchung herausgefunden und unschädlich gemacht werden als bei der Diphtherie.

Der Scharlach kommt viel mit Diphtherie zusammen vor, auch diese Krankheit befällt manche Orte mit größerer Heftigkeit. So erkrankten im letzten Jahre in Berlin 7837 Personen mit 787 Todesfällen. Wir sind nicht in der glücklichen Lage wie bei der Diphtherie den Erreger zu kennen, wir können ihn nicht züchten und nachweisen. Daher mußten die Bekämpfungsmaßregeln auf die ärztliche Erfahrung aufgebaut werden. Eine Absperrung der Kinder ist ebenso streng durchzuführen, und zwar nach der Genesung bis zu 6 Wochen. Ferner muß eine Desinfektion wie bei der Diphtherie stattfinden, denn der Scharlach wird gerade von den Genesenden verbreitet, durch die Abschuppungen ebenso wie durch Mund- und Nasenschleim.

Um Masern und Keuchhusten zu vermeiden, deren Erreger wir ebenfalls nicht kennen, ist es zu spät, wenn wir bei ausgebrochener Krankheit absperren. Aus diesem Grunde und wegen der allgemeinen Verbreitung der Krankheit ist im Gesetz auch auf Absonderungsmaßnahmen und Anzeigepflicht verzichtet. Der einzelne aber, der seine Kinder schützen will, halte sie nicht bloß von den Kranken fern, sondern auch von den gesunden Geschwistern kranker Kinder, bis entschieden ist, ob diese angesteckt sind oder nicht. Besonders ist es erwünscht, daß kleine, schwächliche Kinder vor Masern geschützt werden, für die sie größere Gefahren bringen, während kräftige Kinder sie meist leicht überstehen.

Im Anschluß hieran möchte ich noch die Aufmerksamkeit auf eine weitere Krankheit lenken, deren Erreger wir ebenso wenig kennen, die aber vielleicht für die Zukunft eine größere Bedeutung erlangen könnte, es ist die epidemische Kinderlähmung. Bis vor einigen Jahren wußte man noch wenig über sie, wohl wurde sie hier und da beobachtet, aber ihr ansteckender Charakter nicht erkannt. Dann wurden Häufungen in Amerika und in Schweden beobachtet und vor wenigen Jahren traten in unseren Industriegebieten (Westfalen, Schlesien) starke Epidemien auf. Die Erkrankung besteht in einer Schädigung des Rückenmarks, welche bleibende Lähmungen zur Folge hat und in schwersten Fällen zum Tode führt. Die Ausbreitung erfolgt wohl ebenso wie bei der Genickstarre; dementsprechend sind auch Anzeigepflicht und Desinfektionsmaßregeln angeordnet.

Gegenüber all den genannten Krankheiten ist aber die Tuberkulose unser schlimmster Feind, sie ist die Geißel unserer Kulturvölker. Die Sterblichkeit an Tuberkulose ist von Jahr zu Jahr herabgesunken, immer erliegen ihr aber noch in Preußen 60000 Menschen, und diese zumeist im kräftigsten Erwerbsalter. Die Bedingungen der Entstehung der Tuberkulose und ihre Übertragungsmöglichkeiten sind sehr viel verwickeltere als bei anderen Krankheiten; auch ist zu bedenken, daß wohl die Lungenschwindsucht die verbreitetste und wichtigste Form ist, daneben aber noch viele Arten der Ansiedlung der Tuberkelbazillen im menschlichen Körper vorkommen. Darum muß die Bekämpfung auch eine ganz andersartige sein; sie ist in hervorragendem Maße eine Aufgabe der sozialen Fürsorge. Alle Bestrebungen gegen die Tuberkulose werden bei uns in dem Zentralkomitee zur Bekämpfung der Tuberkulose zusammengefaßt, und die sozialen Versicherungen (Alters- und Invalidenversicherung und andere) erblicken eine ihrer Hauptaufgaben darin, ihre Mittel gegen die Tuberkulose zur Verfügung zu stellen. Einerseits besteht der Kampf in einer Fürsorge für den Kranken (Fürsorgestellen), dann in der Zuführung zu einer zweckmäßigen Behandlung (Heilstätten), endlich aber im Schutz gegen die Verbreitung der Bazillen. Die Hauptgefahr bildet, darüber kann kein Zweifel sein, wenn auch andere Ansteckungswege möglich sind, der an sogenannter offener Tuberkulose Leidende, der täglich viele Tausende von Bazillen aushustet. Er bildet eine Gefahr aber nur dann, wenn er nicht gelernt hat, seinen Auswurf gründlich zu desinfizieren. Eine der Aufgaben der Fürsorgestellen und Heilstätten ist es, die Kranken hierzu zu erziehen. Verkehrt wäre es, den Kranken nicht belehren zu wollen aus Furcht, ihn über die wahre Natur seines Leidens aufzuklären. Denn wir wissen und können es ohne Scheu den Kranken sagen, daß die Tuberkulose, rechtzeitig erkannt und behandelt, keineswegs eine unheilbare Krankheit darstellt, und wir müssen den Kranken auf die Gefahren hinweisen, denen er seine Umgebung aussetzt, ohne sich selbst zu nützen. Besonders ist zu bedenken, daß Kinder schon im frühesten Alter angesteckt werden können und oft den Keim des späteren Lungenleidens jahrelang in sich tragen.

Die Tuberkelbazillen sind widerstandsfähiger als andere Bakterien, sie widerstehen der Austrocknung z. B. sehr lange, ebenso allen Desinfektionsmitteln. Wir müssen letztere also stärker nehmen als gewöhnlich und wir dürfen uns auf die natürlichen Faktoren des Lichtes und der Luft nicht verlassen. Tuberkelbazillen befinden sich im Staube der Wohnung Kranker noch lange in ansteckungsfähigem Zustande; daher kommt es, daß die Tuberkulose in hohem Maße eine Wohnungskrankheit ist. Es ist ein dringendes Erfordernis, daß Wohnungen von Leuten mit offener Tuberkulose gründlich desinfiziert werden, und zwar ist es ein großer Fortschritt, daß man sich bestrebt, nicht nur nach dem Tode, sondern auch bei Umzug Tuberkulöser die Wohnungsdesinfektion zu erreichen, wie es bei uns in Charlottenburg mit aller Energie durchgeführt wird. Zu wünschen wäre es, wir hätten auch eine Anzeigepflicht, wie sie in anderen Staaten, z. B. Sachsen, besteht, nicht bloß bei Todesfällen. Es würde viel leichter möglich sein, die Fürsorge für den Kranken und den Schutz seiner Umgebung durchzuführen, auch ohne Belästigung für den Kranken.

Wir haben an den Beispielen unserer wichtigsten und häufigsten heimischen Infektionskrankheiten kennen gelernt, in welcher Weise eine wirksame Bekämpfung durchgeführt werden muß und durch die Behörden erstrebt wird. Sie ist verschieden je nach der Natur der Erkrankung, aber im ganzen auf die gleichen Grundsätze aufgebaut, die wir oben dargelegt haben. Die amtlichen Maßregeln, die Bekämpfung durch die Organe der Gesundheitspolizei unter Mitwirkung der Ärzte und des Pflegepersonals, werden immer den Schwerpunkt in der Bekämpfung und damit auch in der Verhütung der ansteckenden Krankheiten bilden. Wie jedermann hierbei mitarbeiten kann durch verständige Befolgung der zum Wohle aller dienenden Anordnungen, das hoffe ich genügend gezeigt zu haben. Aber kann der einzelne nicht noch mehr tun zum Schutze seiner Person und zur Einschränkung der Krankheitsgefahren?

Es kann sich der Mensch nicht ganz gegen jede Möglichkeit, Krankheitskeime aufzunehmen, abschließen, er müßte sich von jedem menschlichen Verkehr ausschließen und auf jede freie Betätigung in Handel und Wandel der Welt verzichten. Furcht vor Krankheit, Bazillenfurcht, hat immer schon die wunderlichsten Blüten getrieben, sie führt zu Lächerlichkeiten, die nichts erreichen.

Vor ihr können wir daher nicht genug warnen. Besonders soll man Kinder nicht in Angst und Bangen vor Krankheit aufwachsen lassen, sie leiden mehr Schaden in ihrem Charakter, als ihnen Gefahr erwächst, wenn ihr Körper Wind und Wetter ausgesetzt wird und sie im freien Umgang mit den Mitmenschen unterscheiden lernen, was ihnen nützen und schaden kann. Auf der anderen Seite steht eine oft kaum glaubliche Nachlässigkeit gegenüber den einfachsten Forderungen der Gesundheitspflege, durchaus nicht nur in beschränkten Verhältnissen, sondern man trifft sie aus Unkenntnis und Gleichgültigkeit überall.

Durch Hebung der Gesundheitspflege im allgemeinen, durch Beförderung einer gesunden Lebensweise wird nicht nur zugleich die Gefahr von Krankheitsübertragung bekämpft, sondern der Mensch selbst auch widerstandsfähiger gemacht gegen Ansteckung, die ihn befällt. Um dies näher zu beleuchten, müssen wir einen Blick auf die natürlichen Feinde der kleinen Lebewesen, der Krankheitskeime, richten. Das sind vor allem Luft und Licht. Selbst die widerstandsfähigsten Bakterien, welche Dauerformen, sog. Sporen bilden, werden durch Sonnenlicht vernichtet. Milzbrandsporen z. B. in $3^1/_2$ Stunden, während die übrigen Keime durchschnittlich schon in $1^1/_2$—$2^1/_2$ Stunden zugrunde gehen. Ich habe in nebenstehender Abbildung (Abb. 4) zwei Kulturschalen wiedergegeben, auf welchen Diphtheriebazillen gleichmäßig ausgesät waren; auf den Deckel war ein schwarzes Papier aufgeklebt, das ein D und ein + bildete. Diese Schalen wurden im Oktober 2 Stunden der Sonne ausgesetzt. Es sind dann die Diphtheriebazillen nur dort am Leben geblieben und haben einen Wachstumsrasen (Kolonie) gebildet, wo das Papier sie während der Belichtung geschützt hatte; wo die Sonne hindrang, sind sie abgestorben. So haben die Bazillen selbst ihren Namen und das warnende Kreuz geschrieben. Aber auch Tageslicht genügt schon zur Schädigung der Keime, natürlich in viel längerer Zeit als der helle Sonnenschein.

Luft in freier Bewegung wirkt vorwiegend durch Austrocknung auf die Krankheitskeime schädigend; einzelne Arten gehen dabei rasch zugrunde, z. B. die Erreger der Genickstarre, während andere lange widerstehen, vor allem die Dauerformen. Aber auch sie können bei kräftiger Lüftung nicht zur Entwicklung kommen.

Fig. 4.
Diphtheriekulturen, 2 Stunden im Sonnenlicht, zeigen nur Wachstum unter den durch schwarzes Papier (D +) beschatteten Teilen.

Vor allem ist dieses wichtig für die Aufbewahrung von Nahrungsmitteln, z. B. von Fleisch. Kühlhalten im Keller oder Eisschrank bewahrt nicht vor Verderbnis, schützt nicht vor Entwicklung der Fleisch- und Wurstvergifter, wohl aber kommen sie nicht in den trocknen Kühlräumen mit frischer Luftzuführung zum Wachstum. Die großen Kühlanlagen moderner Schlachthäuser gestatten durch diese Einrichtung ein langes, einwandfreies Aufbewahren, aber auch im kleinen läßt sich der Grundsatz sinngemäß durchführen.

Der krankheitskeimfeindliche und gesundheitsförderliche Einfluß von Licht und Luft betrifft aber auch unsere Wohnräume. Es ist ein alter Erfahrungssatz, daß helle und luftige Wohnungen zugleich saubere und gesunde Wohnungen sind, dunkle Wohnungen aber feucht und ungesund. Diesem ersten Grundsatz der Wohnungshygiene wird viel zu wenig Rechnung getragen. Dem Großstädter mit den hohen Häusern und engen Höfen ist häufig nur allzu wenig von Sonnenstrahlen vergönnt, aber er sollte das

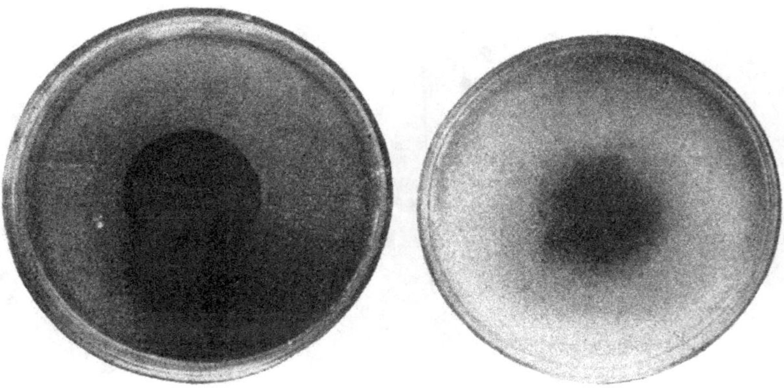

Fig. 5.
Kultur des Bacillus prodigiosus, 2 Stunden im Sonnenlicht, zeigt nur Wachstum unter dem schwarzen aufgeklebten Papierstück.

Wenige in alle Winkel hineinscheinen lassen und es nicht durch Vorhänge und Jalousien hindern. Es gibt auch lichtechte Tapeten und Stoffe, die leider noch wenig Eingang gefunden haben, so daß die Besorgnis für diese keine Rolle spielen braucht. Besonders sollten Schlafzimmer und Kinderzimmer so gewählt werden, daß sie diese natürlichen Schutzmittel der Gesundheit am ausgiebigsten genießen. In vielen Gegenden ist Sonnen und Lüften der Betten eine allgemeine Sitte. Es ist nachgewiesen, wie auch hierbei Krankheitskeime an der Oberfläche abgetötet werden. Auch der Vorteil des Wäschetrocknens und Bleichens im Freien besteht nicht nur in Erzielung einer blendenen Weiße, sondern in der Verstärkung der Keimfreiheit.

Nächst diesen Faktoren ist Sauberkeit das wichtigste Hilfsmittel aller Krankheitsverhütung. Wir haben oben bereits besprochen, daß eine Desinfektion zugleich mit Säuberung einhergehen muß; letztere muß also stets die Grundlage bilden. Eine Seifenlauge mit etwa 5 % Schmierseife vermag über Nacht Wäsche keimfrei zu machen, ebenso heiße Sodalösung in einigen Stunden. Freilich wenn Krankheiten bestehen, wird man sich auf diese Mittel noch nicht verlassen. Sauberkeit als oberstes Gesetz gilt natürlich auch für den Menschen selbst. Es sollte sich jeder zum Grundsatz machen, alles von seinem Heim abzuhalten, was mit dem Schmutz des Alltags in Berührung gekommen ist. Im Getriebe des täglichen Lebens kann sich der einzelne nicht vor allerlei Einflüssen bewahren, die ihn mit Gefahren behaften, aber die Seinen kann er davor behüten. Krankheitskeime, die auf Hände oder sonstige Oberflächen des Körpers gekommen sind, lassen sich leicht entfernen, schwer aber wird es, wenn sie länger haften geblieben sind. Daß Pflege des Körpers besonders vor den Wundinfektionskrankheiten bewahrt, ist bekannt. Die Japaner nahmen vor der Seeschlacht von Tschuschima eine sorgfältige Reinigung des Körpers vor und legten frische Kleidung an, so waren die Folgen der Verwundungen weniger verderblich. Manche Blutvergiftung, Wundrose oder schwere Eiterung ließe sich vermeiden nicht bloß durch saubere Haltung der Wunde selbst, sondern schon durch regelmäßige Pflege des Körpers.

Aber man muß auch bedenken, daß Mund und Nase nicht nur die meisten Krankheitskeime ausscheiden, sondern auch zum

Mund und zur Nase die meisten eingehen. Gerade Kindern ist es schwer, dies klar zu machen, aber vergeblich werden Ermahnungen sein, wenn die Mutter mit ihrem Schnupftuch erst sich die Nase putzt und dann dem kleinen Schmutzfink neben sich den Mund abwischt. Es bedarf zur Reinigung von Mund und Nase keiner kostspieligen Mundwasser. Laues, reines Wasser ist schon ein gutes Mittel, die Keimzahl der Mundhöhle zu verringern, wenn es nur oft und regelmäßig angewendet wird.

Das sind alles Maßnahmen, welche auf die Vernichtung und Fernhaltung der Krankheitskeime hinzielen. Wir haben aber schon darauf hingewiesen, daß eine Aufnahme der Krankheitserreger noch nicht Krankheit bedeutet, es gehört die Empfänglichkeit des Körpers dazu, die den Keimen eine Vermehrung und Lebenstätigkeit gestattet. Diese Empfänglichkeit (Disposition) wechselt gegenüber den einzelnen Krankheiten, sie ändert sich mit dem Alter, ist aber auch an persönliche Eigenschaften gebunden, die durch Lebensweise und Lebensbedingungen beeinflußt werden. Alles, was die Kraft des Körpers hebt und stählt, was ihn widerstandsfähig gegen Wetter und Wind macht, erhöht auch die Schutzkräfte gegen die Krankheitskeime. So dienen Sport und Turnen in vernunftgemäßer Ausübung, Aufenthalt in frischer Luft, mäßige Lebensweise nicht nur zur gleichmäßigen Ausbildung des Körpers, sondern gewähren indirekt auch Schutz gegen die Krankheiten. Alles, was den Körper schwächt, setzt auch seine Schutzkräfte herab, vermehrt die Empfänglichkeit. In dieser Hinsicht ist besonders der Einfluß des Alkohols verderblich. Es ist nicht nur erwiesen, daß Trinker Krankheiten leichter erliegen, weil ihre Körperkräfte nicht aushalten, sondern daß sie auch leichter und heftiger von ansteckenden Krankheiten befallen werden.

Der persönlichen Gesundheitspflege wie der allgemeinen, privaten und öffentlichen wird mehr Aufmerksamkeit gewidmet, wo das wirtschaftliche Leben aufsteigt, wenn Sorgen und Not nicht dem Streben nach Vervollkommnung hinderlich sind. So ist auch der Kampf gegen die ansteckenden Krankheiten eine soziale Frage, wir betonten es bereits bei Besprechung der Tuberkulose. Wir sehen es auch an der Sterblichkeitstafel, die oben wiedergegeben ist. Mit dem Aufblühen unseres Vaterlandes, allerdings auch zusammenfallend mit den Entdeckungen in der medizinischen Wissenschaft, gingen die Fortschritte der Seuchenbekämpfung Hand in Hand. Ein voller Erfolg kann jedoch nicht auf einmal errungen werden, er wird schrittweise erkämpft, und wie alle daran mitarbeiten müssen, Behörden, Ärzte und Publikum, das sollten diese Zeilen darlegen. Hoffentlich bleiben wir vor schweren Zeiten bewahrt, die Rückschritte in dem Erreichten bringen, damit Deutschland sich die Stellung unter den Kulturvölkern, auf die es auch in bezug auf die Seuchenbekämpfung stolz sein kann, in Zukunft bewahrt.

Verlag von R. Oldenbourg, München und Berlin

Das Turnen im Hause

Leibesübungen zur Förderung und Erhaltung der Gesundheit für Jung und Alt

In fortlaufender Reihenfolge
zusammengestellt und herausgegeben
von

Dr. med. K. Beerwald und **Gustav Brauer,**
Arzt, Berlin. städt. Turnlehrer, Leipzig.

Mit 177 Abbildungen in Holzschnitt.

3. Auflage. Preis gebunden M. 2.80.

„Das Büchlein sollte in keiner Hausbibliothek fehlen." (Deutsche Ärzte-Zeitung.)

Der Angelsport im Süßwasser

von

Dr. Karl Heintz

Zweite, neu bearbeitete Auflage

---

404 S. 8°. Mit 319 Abbild. im Text und 4 farb. Tafeln
In Leinwand geb. M. 8.80

„Das Buch wird wohl für immer als bestes Lehrbuch des Angelsportes gelten dürfen. . . . . Es ist luxuriös ausgestattet, die Illustrationen und Farbtafeln meisterhaft und der Druck tadellos." (Deutsche Fischerei-Korrespondenz.)